숲을 살리는 환경동화

엘린과 숲의비밀

Elin und das Geheimnis des Waldes

Written by Benigna Werthen

Elin und das Geheimnis des Waldes by Benigna Werthen
ⓒ 2008 by Quermarken Verlag oHG, Hamburg
All rights reserved
Korean translation edition ⓒ 2013 Giant Publishing co.
Published by arrangement through Orange Agency, Seoul

이 책의 한국어판 저작권은 오렌지 에이전시를 통한
Quermarken Verlag와의 독점 계약으로 도서출판 거인이 소유합니다.
신저작권법에 의하여 한국 내에서 보호를 받는 저작물이므로 무단 전재와 복제를 금합니다.

숲을 살리는 환경동화
엘린과 숲의비밀

1판 1쇄 인쇄   2014년 1월 4일
1판 1쇄 발행   2014년 1월 10일

지은이   베니그나 베르텐
그린이   박정아
옮긴이   윤혜정
펴낸곳   도서출판 거인
발행인   박형준
책임편집 안성철
디자인   박윤선
마케팅   이희경 김경진 서하나
등록번호 제 10-2363호
주 소   서울시 마포구 상수동 93-45 로하스타워 803호
전 화   02-715-6857, 6859 | 02-715-6858(팩스)

숲을 살리는 환경동화

엘린과 숲의비밀

글 · 베니그나 베르텐
그림 · 박정아

거인

차례

1장 숲의 트롤, 엘린 · 6

2장 위험이 닥치다 · 14

3장 위기의 숲 · 21

4장 인간 아이 · 29

5장 시르실리,
비상경보를 울리다 · 38

6장 동맹 · 48

7장 함정 · 56

8장 밀렵꾼 · 63

9장 트롤들의 회의 · 70

10장 초리히 할아버지 · 80

11장 보기와 감탄하기 · 92

12장 자고르의 복수 · 99

13장 정부 인사 · 108

14장 가장 아름다운 여름 · 123

숲의 트롤, 엘린

눈부시게 아름다운 여름 아침이었다. 이른 아침의 첫 햇살이 깊고 울창한 너도밤나무 숲의 하늘을 덮은 나뭇잎 사이로 초록빛 황금처럼 쏟아져 내렸고, 서서히 땅이 따뜻해지기 시작했다.

사방이 아직 고요했다. 몇몇 새들만이 날개를 펴고 새로운 아침에게 조용히 인사를 했다.

햇살이 두툼한 나무 둥치들 사이의, 이끼로 뒤덮인 벤치에 내려왔다가 연초록색의 작은 두 언덕 위에 떨어졌다. 갑자기 두 언덕 중의 하나가 거의 눈에 띄지 않을 만큼 미세하게 움직였다. 언덕이 가볍게 흔들리더니 가장

자리의 흙에 살짝 금이 갔다. 그리고 땅이 한 뼘쯤 솟아오르더니 까만 속눈썹과 반짝거리는 두 눈이 보였다.

그 생명체는 몇 분 동안 그대로 가만히 있었다. 그리고 조심스럽게 왼쪽 오른쪽을 둘러보았다.

숲이 부드러운 아침노래를 쉴 새 없이 부를 때 아주 예쁜 트롤(역주: 북유럽 국가에 알려진 판타지 속의 존재. 북유럽신화에 등장하는 거인족의 후예라고도 한다.) 소녀가 잠자리에서 일어나 땅 위로 올라온 것이었다. 소녀는 대략 일 미터 이십 센티미터쯤 되어보였다. 소녀가 머리를 흔들자 황금빛이 섞인 초록색 머리카락이 땅까지 흘러내렸다. 소녀가 이어서 나뭇잎으로 만든 옷을 흔들었다. 팔과 다리, 얼굴이 벨벳처럼 부드러운 갈색이었다. 소녀가 움직이지 않고 가만히 서 있으면 뒤의 너도밤나무들과 거의 구분이 되지 않았다.

이끼로 덮인 두 번째 작은 언덕도 가볍게 움직였다. 커다랗게 하품을 하는 소리가 들렸다. 트롤 소녀가 행복하게 키득거렸다.

"엘린! 어디에 가는 거야? 이렇게 일찍!"

연이은 하품에 이어 피곤한 소년의 목소리가 흙구덩이 속에서 들렸다.

소녀가 기지개를 켰다.

"난 피곤하지 않아. 발바닥이 너무 근질거려. 좀 움직여야겠어."

"아, 엘린! 트롤은 낮에 잠을 자는 거라고 오빠가 얼마나 더 얘기해야겠니! 그러면 오늘 밤에 힘들 거야. 그리고 학교에도 가야 하잖아. 좀 쉬지 그래!"

하지만 엘린은 이미 완전히 잠에서 깼다.

"한 시간만, 알로크 오빠. 숲은 아침에도 얼마나 아름다운데! 금방 올게!"

알로크는 엘린을 말리는 것을 포기했다.

"조심해야 돼! 인간들에게 들키면 안 돼. 잘못하면 트롤들이 굉장히 화를 낼 거야. 그게 무슨 뜻인지 너도 알지?"

물론, 엘린도 그게 무슨 뜻인지 알고 있었다. 엘린은 몇 개월 간 숲 속의 빈터에서 꼼짝 말고 있으라는 벌을 받기도 했다. 엘린이 숲의 규율을 항상 잘 지키지만은 않기 때문이었다. 맞는 말이었다. 엘린도 위험한 적이 몇 번 있었다는 것을 시인하지 않을 수 없었다. 겨울에 엘린은 어른들에게는 아무 말도 하지 않고 늘 엘린을 괴롭히고 겁을 주던 그림자 코볼트(역주: 독일의 집에 사는 도깨비 같은 작은 요정.)에게 덫을 놓은 적이 있었다. 봄에는 길을 잃은 어린 유니콘을 도와 무서운 까만 유니콘이 길을 막고 있는데도 불구하고 집으로 가는 금지된 길을 찾아주기도 했었다. 한번은 인간이 사는 곳을 보러 가기 위해 수목 한계선까지 갔다 오자고 친구들을 구슬린 적이 있

었다. 그 때 늦은 시간에 개를 데리고 산책을 나온 사람에게 들킬 뻔 했었다. 당시 모든 트롤 주민들은 몹시 흥분했었다. 트롤들은 수천 년 간 오래된 깊은 숲에 잘 숨어 살았었고, 지금까지 그들을 본 인간은 아무도 없었기 때문이었다. 엘린은 벌로 일 년 간 다른 아이들과 노는 것을 금지 당했다.

일 년은 트롤에게는 사실 긴 시간은 아니다. 이 숲의 존재들은 나무처럼 천 살까지 살 수 있었다. 엘린은 아직 아주 어린 나이였다. 이제 막 학교에 다니기 시작했고 아직 많은 것을 더 배워야 했다.

놀이금지를 당하고 처음 얼마간은 시간이 빨리 지나갔다. 하지만 다른 아이들과 놀지 않고 얌전히 있는 것은 점점 더 힘들어졌다. 가끔은 정말 끔찍하게 심심했다. 게다가 이제 가장 친한 친구들인 차라잔과 카로빈 그리고 마릴린까지 여름휴가를 떠났다. 알로크 오빠와 토르크 삼촌이 엘린과 놀 수 있는 것이 다행이었다. 그렇지 않았다면 엘린은 벌써 오래 전에 화가 폭발해 초록색 머리카락을 쥐어뜯었을 것이었다.

그리고 가끔은, 오늘 새벽처럼, 모두가 깊이 잠들었을 때 한두 시간쯤 아주 몰래 숲 속 빈터를 빠져나갔다.

엘린은 자신의 잠자리를 잘 살폈다. 마술처럼 땅은 벌써 다시 닫혀 있었다. 트롤이 잠을 자는 곳이라는 흔적은 어디에도 없었다.

트롤의 숲에는 아직 한번도 인간이 들어온 적이 없었지만, 그래도 엘린은 조심했다. 이젠 정말 더 이상 화를 불러일으키고 싶지 않았다.

"알로크 오빠, 잘 자. 금방 올게!"

엘린은 이끼 언덕을 향해 속삭였다. 짧게 투덜거리는

소리가 대답으로 돌아왔다. 그리고 더는 아무 소리가 없었다. 엘린은 킥킥거리고 웃고는 까치발로 살금살금 자리를 떠났다!

위험이 닥치다

엘린은 숲을 뛰어다녔다. 트롤은 다람쥐처럼 잘 기어오르고, 동물과 식물과도 이야기를 나눌 수 있을 뿐만 아니라 바람처럼 빨리 달릴 수도 있었다.

엘린은 팔을 쭉 뻗어 밝아오는 하루에게 서둘러 인사했다. 엘린은 낮게 드리운 가지들과 덤불들을 날렵하게 비키며 넘어진 나무를 잽싸게 뛰어넘었다.

'인간에게 들키지 않기 위해 낮에 잠을 자야하다니, 참 아쉬워. 하지만 인간들은 예측하기 어렵지.' 하고 엘린은 생각했다.

엘린은 나무들이 얼마나 인간의 발명품들 아래에서 고

통을 받고 있는지 이미 느끼고 있었다. 그리고 사람들이 나무 꼭대기까지 기어오르는 날은 공기맛이 좋지 않았다. 게다가 새로운 집들이 점점 더 숲으로 바짝 들어섰다. 특히 너도밤나무들은 비가 적게 내리는데다 집들이 많이 들어서면서 지하수가 땅 속으로 점점 더 깊이 숨어들자 밤마다 울었다. 삶을 베풀어주는 물이 뿌리까지 닿지 못하기 때문이었다. 나무들은 탄식하고 신음했다!

'세상의 가장 중요한 산소 공급원인 나무에게 해를 끼치다니, 어떻게 이렇게 멍청할 수가 있담? 누구든 자신이 앉아 있는 나뭇가지를 베지 않는 법인데. 누구나 숨을 쉬어야 살 수 있지 않은가!'

엘린은 이해할 수가 없었다.

엘린은 우울한 생각을 옆으로 밀어냈다. 그러기에는 날이 너무 좋았다!

엘린은 벌써 숲의 끝에 있는 초원에 다다랐다. 그리고 몸을 숙여 커다랗고 두툼한 잎사귀에 맺힌 새벽이슬로 목을 축였다.

"엘린!"

갑자기 귓가에 붕붕거리는 소리가 났다. 생각에 너무 깊이 빠진 나머지 친구인 잠자리 시르실리가 다가오는 소리도 듣지 못한 것이었다.

시르실리가 번쩍거리는 다이아몬드처럼 공중에서 몸을 떨면서 커다란 눈으로 엘린을 보았다. 시르실리는 우아한 비행사였고 엄청나게 호기심이 많았다. 그래서 주변에서 일어나는 일은 늘 제일 먼저 알았다.

"좋은 아침!"

엘린이 시르실리의 비행이 방해받지 않도록 반짝거리는 날개 위를 부드럽게, 트롤만이 가진 섬세함으로 부드럽게 쓰다듬었다.

"무슨 새로운 소식이 있어?"
"믿을 수 없는 일이 있어!"
시르실리가 급히 대답했다.

"이 곳에 아주 이상한 일이 일어나고 있어. 볼썽사나운 건설 차량들이 밖으로 나와 있고, 사람들끼리 서로 싸우고 있어. 한쪽 사람들은 다른쪽 사람들이 초원으로 못 가게 막으면서 피켓을 높이 들고 '시장은 반성하라. 마지막 남은 자연을 파괴하려는가!' 하고 계속 외쳤어. 그러면 굴착기들이 일단 뒤로 물러났고. 이게 무슨 일일까?"

엘린은 이맛살을 찌푸리고 들창코를 찡그렸다.

"잘 모르겠어. 하지만 아주 안 좋은 느낌이 들어! 오늘 밤에 토르크 삼촌에게 물어봐야겠어. 계속 잘 지켜봐 줘!"

"걱정 마!"

시르실리가 말하고는 붕붕거리며 아침 해 속으로 다시

사라졌다.

　엘린은 생각에 잠겨, 왔던 길을 돌아갔다. 엘린은 트롤들이 잠자리로 마련한 숲 속의 빈터로 살금살금 걸음을 옮겼다. 숲의 트롤들은 맨눈으로는 거의 알아볼 수 없었다. 그들은 자연과 하나로 녹아들 수 있기 때문이었다.
　이끼가 수북이 자란 알로크 오빠의 머리가 땅 위로 살짝 솟아나와 있었다. 아빠는 커다란 나무와 하나가 되어 있었다. 큰 주먹코만 나무껍질 밖으로 비죽이 나왔다. 토르크 삼촌은 바위를 휴식처로 골랐다. 엘린은 바위 모서리처럼 튀어나와 있는 삼촌의 한쪽 발을 알아보았다. 엄마는 키가 큰 너도밤나무 꼭대기에 올라가 있었다. 팔과 다리가 마치 날씬하고 매끈한 가지처럼 수북한 나뭇잎들 사이에 드리워 있었다.
　모두 깊이 잠들어 있었다.

엘린도 긴장이 풀리면서 땅 속 알로크 오빠 옆으로 들어갔다. 흙은 서늘했고 아늑한 냄새가 났다. 엘린은 오빠 옆으로 파고들며 조용히 하품을 했다. 오늘 저녁에 토르크 삼촌에게 시르실리가 한 말에 대해 설명해달라고 할 생각이었다. 엘린은 위험이 다가오는 것을 느꼈다. 하지만 지금은 무거운 눈꺼풀이 이미 엘린의 예쁜 눈을 덮고 있었다.

위기의 숲

 엘린은 급히 서둘렀다. 잠에서 깨어 시르실리가 이야기해준 것에 대해 골똘히 생각하느라 학교 갈 시간이 된 줄도 모르고 있었다. 엘린은 매일 수업이 열리는 시냇가의 숲 속 빈터에 헐레벌떡 도착했다. 아이들은 벌써 풀밭에 반원을 그리고 앉아 있었다. 머리에 이끼가 조금 돋아난 연초록 머리카락의 어린 트롤들과 이끼가 벌써 등까지 자란 중간 정도의 트롤들, 머리카락에 꽃과 나뭇잎이나 박쥐들이 매달린 큰 트롤들이 있었다. 모두들 같이 공부를 했다. 큰 트롤들은 어린 트롤들을 도와주었다.
 오늘은 발레타 선생님이 자연과 하나로 녹아드는 법을

가르쳐주고 있었다. 나이가 많은 아이가 나이가 어린 아이의 손을 잡고 각각 짝을 지어 웃으면서 풋풋한 냄새를 풍기는 땅 속으로 스며들어갔다. 엘린만 혼자 연습해야 했다. 정말 지루했다. 땅 속으로 들어가는 것은 전혀 어려운 일이 아니었다. 엘린은 그대로 조금 더 잠을 자야할지 고민했다. 하지만 시르실리가 전해준 말이 퍼뜩 떠올랐다. 가능한 한 빨리 토르크 삼촌과 이야기를 해야 했다!

　엘린은 살그머니 머리를 밖으로 내밀고 주위를 둘러보았다. 발레타 선생님은 바빠 보였다. 엘린은 아무도 눈치채지 못하게 밖으로 나와 수목 한계선 쪽으로 몰래 기어갔다. 그리고 얼마 후 엘린은 어둠 속으로 사라졌다.

　엘린이 삼촌이 일하는 곳 근처에 도착했을 때 어디에선가 우는 소리가 들렸다.
　"아야, 아야, 너무 아파!"

아름드리 너도밤나무가 우는 소리였다. 그 나무는 이백 살이나 되었고 아주 많은 것을 겪어온 나무였다. 둥치는 거대했고, 키는 오십 미터에 달했다. 마디가 굵은 뿌리는 땅 위로 이리저리 이어지다 땅 속으로 파묻혔다. 한마디로 웅장한 나무였다. 트롤 뿐 아니라 인간의 아이들도 그 나무를 사랑했고, 하루도 빠짐없이 사람들이 그 나무에 기어올랐다. 그래서 그 나무는 모두에게 기어오르기나무로 불렸다. 나무 또한 아이들을 사랑했다. 아이들은 거친 나무껍질에 얼굴을 댄 채 팔로 나무를 꽉 껴안았다. 아이들이 기어오를 때는 기분좋게 간지러웠다.

그런데 어떤 사람이 멀쩡히 잘 생긴 가지를 아무렇게나 잘라버렸다. 가지가 길로 튀어나와 있다는 이유였다.

토르크 삼촌은 잘린 가지를 할 수 있는 한 잘 치료해 주려고 했다.

토르크 삼촌은 키가 이백오십 미터나 되는 거대한 체

구의 트롤이었다. 삼촌은 자연의사였고, 오백 살이나 되었으며, 엘린이 제일 좋아하는 트롤이었다. 힘찬 근육이 갈색 피부아래에서 꿈틀거렸다. 등은 이끼로 덮여 있었고, 회갈색 더벅머리는 사방으로 뻗쳐 있었다.

"학교가 이렇게 일찍 끝났어?"

삼촌이 씨익 웃으면서 엘린에게 윙크했다.

"그럼 삼촌을 도와줄 수 있겠구나. 저기 약초 으깬 것을 좀 다오!"

삼촌이 말했다.

두말하면 잔소리였다. 엘린은 나무에 올라가는 것을 좋아했다. 더 높이 올라갈수록 자신의 모든 문제를 저 땅 밑에 놓아둘 수 있었다. 경치는 환상적이었다. 이 곳 위에 사는 새들과 곤충들은 엘린에게 늘 뭔가 새로운 것을 들려주거나 엘린과 재미난 이야기를 나누면서 웃곤 했다. 하지만 오늘은 시간이 없었다!

토르크 삼촌이 나무가 더 피를 흘리지 않도록 잘린 상처에 끈적끈적한 약초 연고를 발라주자 나무가 안도의 한숨을 쉬었다.

"고마워요! 이제 훨씬 나아요."

엘린은 너도밤나무의 얼굴을 부드럽게 어루만져주었다. 그러자 늙은 나무껍질의 주름이 편안하게 펴졌다.

"내일 다시 보러 올게. 편히 쉬어!"

어린 트롤과 어른 트롤은 밝은 달빛 아래 숲 속의 잠자리를 향해 걸었다. 엘린은 삼촌에게 시르실리에게서 들은 이야기를 했다.

"이게 무슨 일이에요?"

엘린이 흥분해서 물었다.

토르크 삼촌이 음울하게 눈썹을 찌푸렸다.

"좋은 일이 아니다! 인간은 숲의 경계 앞 마지막 초원에까지 집을 더 지으려고 하고 있어."

삼촌이 화난 목소리로 말하며 걸음을 옮겼다.

"만약 그렇게 된다면, 초원만 파괴되는 게 아니야. 우리의 친구들인 동물들도 집을 잃고 먹이를 구할 곳을 잃지. 이 곳 숲에서 먹을 만한 먹이를 제대로 찾지 못할 우리의 시르실리와 사슴과 토끼들을 생각해보렴. 그보다 더 나쁜 건, 무거운 건설 장비들과 집들로 인해 땅이 굳어지면 우리의 너도밤나무 뿌리들이 물이 있는 곳까지 더 이상 닿을 수 없게 될 거라는 거다. 그렇게 되면 나무들이 목이 말라 죽겠지!"

토르크 삼촌이 조카의 뺨에 입을 맞추었다.

"얼른 알려줘서 고맙다. 트롤들의 회의를 소집해서 어떻게 이 땅을 구할 수 있을지 고민해야겠구나! 시르실리에게 안부 전해다오. 다음에 시르실리를 만나면 맛난 것을 줘야겠다!"

"삼촌, 저한테 벌써 좋은 생각이 떠올랐어요. 제 아이디어는 꽤 쓸 만하잖아요!"

 엘린이 삼촌을 위로해주려고 했다.

 토르크 삼촌이 웃음을 터뜨렸다. 순간 긴장이 풀어졌다. 둘은 손을 잡고 숲 속의 잠자리로 돌아갔다.

인간 아이

　다음날 아침 일찍, 엘린은 자신이 가장 좋아하는, 잠자리에서 가까운 곳에 있는, 고목이 쓰러진 곳에 누워 있었다. 나무 둥치는 부드러운 이끼가 두툼하게 덮여 있어 트롤들의 침대보다 더 폭신했다. 이 곳은 생각에 잠기기에 제일 좋은 장소였다.

　이 곳에 누워 하늘을 올려다보면 멋진 생각이 떠오르곤 했다. 햇빛에 황금빛으로 물든 너도밤나무 잎사귀들이 바람에 찰랑거리는 소리를 내며 잔잔한 노래로 숲을 채우고 있었다. 햇살이 나뭇가지 아래의 그늘진 곳에서 하늘하늘 춤을 추었다. 가끔씩 우거진 초록 사이로 한 점 하늘이 끝없이 새파랗게 펼쳐져 엘린의 가슴도 시원하게 활짝 열리는 것 같았다. 숲의 냄새가 신선하고 향기로웠다.

"이 모든 것이 다 파괴되어야 한다고? 절대 안 돼!"

엘린은 다짐했다.

갑자기 이상한 소리가 났다. 누군가가 울고 있었다! 하지만 동물의 소리도, 식물의 소리도 아니었다. 혹시 도움이 필요한 숲의 존재들인지도 몰랐다. 엘린은 다른 트롤 아이들과 놀면 안 되었다. 그렇지만 돕는 것은 노는 것이 아니었다. 그러니 괜찮았다.

엘린은 얼른 일어서서 뛰기 시작했다. 너무 빨리 뛴 나머지, 커다란 개미굴을 피해 돌아가다 그만 그 뒤에 있던 무엇인가와 미처 피할 겨를도 없이 부딪히고 말았다. 그것은 팔과 다리와 몸이 있는 기다란 물체였다!

엘린은 눈앞을 쳐다보았다. 엘린의 눈에 검정색 눈이 보였다! 금발 머리를 땋아 내린 검은 눈의 인간 소녀가 눈앞, 땅에 앉아 있었다. 소녀는 빨간 원피스를 입고 눈물로 얼룩진 얼굴로 엘린을 뚫어지게 보고 있었다.

엘린의 몸이 뜨거워졌다가 다시 차가워졌다.

'오, 안돼!' 이제 엘린은 끝장이었다! 인간이 엘린을 본 것이었다! '아직 도망칠 수 있을까? 아니면 그냥 땅으로 꺼져버리면 어떨까?'

그런데 그 때 엘린은 자신의 눈앞, 땅에 쪼그리고 앉아 있는 작은 형체의 눈물어린 눈 속에서 신뢰를 발견했다. 엘린의 호기심이 되살아났다! '트롤을 봤다고 주장하는 아이 말을 과연 믿을 사람이 있겠어?' 하는 생각도 들었다.

"넌 누구니?"
두 아이가 동시에 물었다.

엘린은 일 미터 이십 센티의 키를 쭉 펴고 일어섰다.

"난 엘린이야. 닐레와 골라의 딸이고, 알로크의 동생이야!"

그리고 자랑스럽게 덧붙였다.

"난 숲의 트롤이야!"

소녀도 벌떡 일어났다. 소녀는 엘린과 키가 똑같았다.

"내 이름은 리나야. 내 동생은 알렉스인데 아직 어려서 종일 먹고 자기만 해. 난 부모님이랑 빨간 지붕의 하얀 집에서 살아."

'그리고 넌 인간이지.' 하고 엘린은 생각했다. 하지만 리나는 전혀 해로워 보이지 않았다. 콧잔등의 익살맞은 주근깨가 귀엽고 상냥해보였다.

"난 평소엔 그렇게 쉽게 울지 않아! 잠이 안와서 숲을 산책하려고 창문으로 기어 나왔는데, 갑자기 무서운 개가 목줄도 없이 나타나서 으르렁거렸어. 근처엔 아무도 없었고."

리나가 변명했다.

떠돌이 개들 문제는 엘린도 잘 알고 있었다. 그 개들은 다른 동물들을 사냥하거나 놀라게 했다. 엘린은 그 버릇없는 개들보다 더 빠르고 나무에 더 잘 기어오를 수 있었다. 그리고 겁에 질려 숲 속 깊숙한 곳까지 도망친 어린 동물들을 어미에게 데려다 준 적이 자주 있었다.

"그래서 도망쳤어. 계속, 계속. 그러다보니 내가 어디에 있는 건지 더 이상 알 수가 없었어! 그런데 이제 빨리 집에 가야해. 집에서 나온 걸 아무도 모르게 해야 돼. 부모님에게 아무 말도 안하고 몰래 나왔거든!"

리나가 말을 이었다.

"응, 나도 그거 알아. 얼른 집에 가지 않으면 엄청나게 난리가 나지!"

엘린이 말했다.

"맞아. 난리도 아니지!"
리나가 씨익 웃었다.
"걱정 마. 내가 도와줄게!"
엘린도 씨익 웃어보였다.

엘린은 재미있게 생긴, 빨간 지붕의 하얗고 납작한 집을 알고 있었다. 정원에는 그네 두 개와 미끄럼틀과 철봉과 같은 멋진 놀이기구가 있었다. 엘린은 호기심에 벌써 몇 번이나 그네를 살펴보았다. 하지만 인간의 땅에 들어설 용기는 나지 않았다.

두 아이는 함께 우거진 수풀을 헤치고 달렸다. 트롤 소녀는 리나를 주택가로 가는 가장 빠른 지름길로 안내했다. 아직 사방이 고요했다. 두 아이는 이윽고 숲의 끝, 마지막 나무들과 덤불들 사이에 섰다.

"고마워. 네가 아니었다면 돌아오는 길을 절대 못 찾았을 거야! 넌 정말 아주 친절한 아이야! 우리 내일 다시 만날래?"

리나가 조용히 말했다.

엘린은 그네 쪽을 아련하게 바라보았다. 사실 엘린은 아직 반년이나 더 놀이금지 상태였다. 하지만 그건 트롤 아이들과의 놀이에만 해당되는 것이었다. 인간 아이들과 노는 것은 전혀 거론되지 않았다.

"좋아."

그래서 엘린은 얼른 대답했다.

"하지만 조심해야 돼. 그리고 날 만났다는 걸 아무한테도, 정말 아무한테도 얘기하지 않겠다고 약속해야 해. 이건 비밀이니까. 숲의 비밀."

엘린의 뱃속에 수천마리의 개미가 기어다니는 것 같았다. 옳은 일을 한 걸까? 인간의 아이를 믿을 수 있을까? 엘린은 걱정스럽게 리나의 대답을 기다렸다.

리나가 싱긋이 미소 지었다.

"내가 만약 사람들에게 머리에 부드러운 이끼가 난 초록색 머리카락의 트롤을 만났다고 얘기하면, 내 말을 오해하지 마, 넌 정말 예뻐, 그럼 다들 나를 미쳤다고 생각할 거야."

리나가 얼른 대답하고는 손을 내밀었다.

"맹세할게. 나한테서 어떤 말이건 듣는 사람은 아무도 없을 거야!"

엘린의 얼굴이 환하게 빛나기 시작했다. 작은 갈색 손이 하얀 손을 잡았다. 그리고 그 순간 인간과 트롤 사이의 수천 년이나 된 동맹이 새롭게 교체되었다. 그리고 각별한 우정이 시작되었다.

시르실리, 비상경보를 울리다

엘린은 행복하게 잠자리에 누워 리나와 만났던 꿈을 꾸고 있었다. 그런데 갑자기 끔찍한 비명 소리가 엘린의 잠을 깨웠다.

"큰일 났다, 큰일 났어!"

날카로운 목소리가 소리를 지르고 있었다.

"위험해, 위험해! 인간이 우리의 초원을 망가뜨리려고 한다!"

엘린은 깜짝 놀라 공처럼 땅 속에서 튀어나오다 그만 잠자리 시르실리와 부딪혔다. 둘은 땅바닥에 넘어졌고, 시르실리는 숨을 헐떡이며 일어나지 못하고 그대로 누워 있었다.

시르실리가 숨을 깊이 들이마시더니 다시 공중으로 날아올라 소리쳤다.

"큰일 났다! 건설 차량들이 다시 와서 우리 집을 부수려고 해!"

흥분한 시르실리가 반짝거리는 몸을 부산스럽게 움직였다.

그사이 숲 속 빈터의 트롤들이 모두 깨어났다. 엘린이 알로크 오빠의 머리 위로 넘어지는 바람에 느닷없이 벼락을 맞은 알로크는 투덜거리며 머리를 문질렀다. 엄마와 아빠는 하품을 하며 풀밭에 서 있었다. 엘린의 엄마인 닐레는 키가 크고 날씬했고 엘프처럼 우아했다. 황금빛이 도는 갈색 머리카락은 어깨 너머로 물결쳤다. 엄마가 무슨 일이냐는 눈으로 작은 트롤 소녀의 얼굴을 보았다. 이른 아침의 소란이 달갑지 않은 엘린의 아빠 골라는 짙은 눈썹을 잔뜩 찡그렸다. 토르크 삼촌도 바위에서 나왔다. 잠을 자던 곳들이 눈 깜짝할 사이에 다시 닫혔다.

"형님, 서둘러요. 뭔가 하지 않으면 안 되겠어요!"

토르크 삼촌이 엘린의 아빠에게 낮은 목소리로 말했다.

두 남자가 초원을 향해 쏜살같이 달렸다. 닐레는 어른들을 따라가려는 아이들을 막으려고 했지만, 알로크와 엘린은 이미 번개처럼 어른들을 따라간 뒤였다. 닐레는 할 수 없이 지친 시르실리를 어깨에 앉히고 역시 초원으로 갔다.

숲의 가장자리에 다다른 트롤 가족은 인간의 눈에 띄지 않기 위해 우거진 들장미 덤불과 하나가 되었다.

그들의 앞으로 너도밤나무와 산울타리 그리고 몇 안 되는 집과 활짝 핀 들꽃으로 둘러싸인 아름다운 초원이 펼

쳐져 있었다. 엘린은 리나가 사는 빨간 지붕의 집을 알아보았다.

그 때 정말로 리나의 목소리가 들렸다.

리나는 꽃이 핀 풀밭에 서 있었다. 거대한 굴착기 세 대와 불도저 두 대 앞에 리나와 네 명의 다른 아이들이 손에 손을 잡고 비록 작긴 했지만 인간 방어벽처럼 버티고 서 있었다.

리나가 소리쳤다.

"돌아가세요! 아저씨들이 저 무거운 기계로 여기를 밟고 지나가면 모든 게 다 망가진다고 아빠가 말했어요. 물도 땅 속 깊이 사라지고, 숲 속의 나무들도 말라죽을 수밖에 없어요!"

트롤 가족은 서로를 쳐다보았다. 엘린은 인간의 아이에 대한 자랑스러움으로 가슴이 따뜻해졌다.

"너같이 밉살맞은 아이와 왈가왈부하고 싶지 않다!

우린 허가서도 있다. 여기서 꺼져! 이건 시의 재산이야. 계속 성가시게하면 다 쓸어버린다!"

붉은 얼굴의 인부가 화난 목소리로 소리쳤다.

"그럼 아저씨들은 감옥에 갈 거예요, 아빠가 그랬어요."

리나가 맞서 소리쳤다. 리나의 땋은 머리가 위 아래로 심하게 흔들렸고, 볼은 너무 화가 나서 발갛게 달아올라 있었다.

"시의 재산이요? 시, 그건 바로 우리예요. 여기에 사는 사람인 우리요. 아빠가 그렇게 말했어요. 시장은 돈이 급하게 필요해서 초원을 팔려는 거래요. 집은 지금도 많지만, 자연은 부족해요."

리나가 잠시 숨을 들이마셨다.

"초원은 남아 있어야 해요. 숲도 남아 있어야 해요. 그리고 우리도 남아 있을 거예요!"

다섯 아이들의 고집스럽고 화난 눈이 인부들을 쏘아보았다. 엘린은 나지막이 키득거렸다.

그 사이 현장감독의 얼굴은 붉으락푸르락해졌다.
"하인츠, 칼레, 저 말썽꾸러기들을 치워. 그리고 저 골칫덩이들 부모들이 나타나기 전에 얼른 출발하자!"
아이들은 힘센 인부들을 당해낼 도리가 없었다. 격렬한 저항에도 불구하고 아이들은 옆으로 밀려났다.
"이제 어떡할까요?"
토르크 삼촌이 소곤거리며 엘린의 아빠를 보았다. 그러자 엘린은 아빠의 귀에 뭔가를 속삭였다. 아빠가 말없이 웃으며 토르크 삼촌에게 이야기를 전했다.
두 트롤 남자가 땅과 하나로 녹아들더니 앞쪽의 중장비 두 대 바로 앞까지 기어갔다. 두 트롤의 이끼가 자라난 등이 살짝 땅 위로 솟아났다.

그리고 모든 것이 굉장히 빨리 진행되었다!

인부들이 시동을 걸었고, 앞의 굴착기 두 대가 출발하자 매캐한 매연이 잔뜩 피어올랐다.

아이들이 비명을 지르기 시작했다.

소란과 매연이 뒤엉킨 바로 그 때, 토르크 삼촌과 엘린의 아빠는 번개처럼 재빨리 땅에서 튀어나왔다. 그리고 즉시 다시 자연과 하나로 어우러졌다. 아무도 그들을 보지 못했다. 바람만이 살짝 흔들렸을 뿐이었다. 그나마도 여름날의 아른아른한 공기 속에서 거의 눈에 띄지 않았다. 잠깐 사이에 숲의 트롤들이 튀어나온 자리에 구덩이 두 개가 생겨났다.

굴착기 두 대가 그 구덩이 속으로 곤두박질쳤고, 구덩이가 순식간에 다시 닫히면서 굴착기 앞바퀴가 단단히 땅에 박혀버렸다. 인부들이 기울어진 운전석 밖으로 굴러 떨어졌다. 현장감독은 중장비들이 못쓰게 되었을 뿐 아니라, 뒤의 중장비들까지 못 가게 길을 막고 있는 것을 알아차리고는, 화가 나서 쓰고 있던 모자를 땅바닥에 팽개치고 발을 막 구르며 욕을 했다. 그리고 소란을 듣고 놀란 아이들의 부모들이 서둘러 오는 것을 보고는 이를 악물며 인부들에게 돌아가라고 명령했다. 엘린은 아빠의 커다란 손이 머리를 쓰다듬는 것을 느꼈다.

"좋은 아이디어였어, 우리 엘린!"

아빠가 말하고는 엘린의 이마에 입을 맞췄다.

"이제 꼼짝 못하겠지. 하지만 곧 다시 올 텐데 큰일이군!"

토르크 삼촌이 말했다.

엘린의 엄마가 심각하게 고개를 끄덕였다.

"트롤 회의를 소집해야겠어요. 누군가가 시르실리의 집을 구할, 좋은 생각이 있을지도 몰라요!"

트롤들은 오도 가도 못 하는 굴착기를 보고 놀라며 도

대체 어떻게 된 일인지
영문을 몰라 하는 사람들
을 잠시 관찰했다. 리나만이 생각
에 잠긴 얼굴로 숲가를 바라보았다. 오늘 일어난 일
을 이상하게 여기는 듯 했다. 트롤 가족들은 못 잔 잠을
조금이나마 더 자기 위해 조용히 들장미 덤불을 떠났다.
시르실리는 보초로 남았다.

동맹

 이른 새벽, 인간들은 아직 자고 있었다.
 엘린은 리나의 그네에 앉아 그네를 구르고 있었다. 그네는 벌써 허공 높이 올랐다. 하지만 그것으론 성이 차지 않았다! 작은 트롤 소녀는 몸을 최대한 앞으로 구부리고 그네를 있는 힘껏 뒤로 굴렀다. 그네가 그네를 매달아 놓은 기둥을 한 바퀴 훌쩍 넘더니 기둥을 몇 바퀴나 돌았다. 그네 줄이 너무 팽팽해지자 엘린은 그네에서 뛰어내렸다. 엘린의 환호성을 들은 야행성 동물들이 싱긋이 웃었다.
 다행히 그네 기둥은 땅에 단단히 박혀 있었다! 리나의

아빠만이 어떻게 리나가 그네를 그렇게 기둥에 단단히 감아놓았는지 며칠 내내 놀랄 뿐이었다.

리나는 창문으로 몰래 빠져나온 다음 조심스럽게 창문을 닫았다. 그러고는 엘린에게로 뛰어가 웃고 있는 엘린과 같이 즐겁게 웃었다.

두 소녀는 이제 거의 매일 만나고 있었다. 리나는 초록색 원피스를 특히 좋아하게 되었고 금발 머리는 등 뒤로 아무렇게나 묶어 놓았다. 그러자 리나는 트롤 아이와 비슷해졌다. 리나는 자연에 대해 지금처럼 이렇게 많이 배운 적이 없었고, 엘린은 드디어 이야기를 나누고 같이 놀 수 있는 누군가를 다시 만난 것이 행복하기 짝이 없었다.

엘린은 어떻게 하면 나무에 잘 기어오를 수 있는지 리나에게 가르쳐주었다. 두 아이는 나무에서 내려오다 갈색 나뭇잎 더미로 훌쩍 뛰어내렸다. 그러면 나뭇잎들이 공

중으로 높이 휘날렸다. 두 아이는 도토리 멀리 던지기도 하고, 달콤한 산딸기를 붉은 즙이 턱으로 흘러내릴 만큼 입 안에 가득 넣고 허겁지겁 먹기도 했다.

"트롤과 인간 사이의 이야기, 한번만 더 해줘. 그 얘기 정말 좋아!"

리나가 말했다.

"그래, 그럼."

엘린이 이야기를 시작했다. 엘린도 리나가 그 이야기를 듣기 좋아하는 만큼이나 들려주는 것을 좋아했다.

"몇 천 년 전에, 지구가 아직 물과 숲으로만 이루어져 있을 때, 트롤과 인간은 한 가족으로 사이좋게 살고 있었어. 그런데 그 때에도 벌써 이 종족 안에 두 파가 있었어. 한쪽은 삶에 불만스러워 하면서 보다 편리한 삶을 살고자 했고, 다른 한쪽은 자연 속에서 자연과 더불어 살면서 이미 있는 것들을 보존하려고 했지. 그래서 항상 다툼이 있었고, 결국 평화를 위해 서로 갈라서기로 했어. 인간은 숲 가장자리로 이주했고, 트롤은 깊은 원시림에 남았지.

인간은 도구를 개발했고, 집과 도시를 지었고, 나중에는 자동차와 비행기를 만들었어. 인간들은 자연과 하나가 되는 능력을 잃었고, 점점 더 자연스러운 삶에서 멀어졌지.

반면 트롤은 숲과 하나로 녹아들었고 식물과 동물의 수호자가 되었어. 그렇지만 아쉽게도 인간과 인간의 발명품에 대해서는 영향력을 잃었지."

"정말 안타까운 일이야!"

리나가 중얼거렸다.

엘린은 고개를 끄덕였다.

"지구상에는 인간이 점점 더 많아질 것이고, 트롤은 점점 더 적어질 거야. 나무들은 도시와 도로, 철도, 비행장에게 자리를 내줘야겠지. 인간들은 벌써 트롤이 존재한다는 걸 잊었어. 하지만 트롤은 한번도 잊은 적이 없어.

 매일매일, 땅이 또다시 한 뼘 파괴될 때마다, 그리고 한 동물이 멸종될 때마다, 예전의 동료들과 그들의 기술이 떠올랐지."

 엘린은 슬픈 얼굴로 고개를 저었다.

 "트롤들은 인간에게 위험을 알렸었어. 인간과 자연은 함께 거센 폭풍과 홍수, 지진, 해충의 피해를 일으켜. 서로 주고받는 거지. 인간은 동물과 식물의 세계를 파괴하고, 자연은 그걸 되받아치는 거야! 서로 피해가 커지지. 이기는 쪽은 아무도 없어. 파괴는 절대 해결방법이 아니니까!"

 엘린이 엄숙하게 목소리를 높였다.

 "하지만 인간과 트롤이 새로운 동맹을 맺을 날이 올 거야. 그렇게 쓰여 있어. 인간과 트롤은 자연과의 조화 속

에서 함께, 그리고 행복하게 살기 위해 서로 다시 손을 잡을 거야. 둘은 다시 친구가 될 거야."

"그래, 그리고 우리 둘은 이렇게 벌써 시작하는 거고!"

늘 그렇듯 리나가 이 지점에서 대꾸했다.

"하지만 이제 서둘러야 해. 벌써 날이 환해졌어. 우리 둘이 같이 있는 걸 누가 보면 안 돼! 특히 오늘은 더. 어떻게 하면 초원을 구할 수 있을지 트롤들의 회의가 소집됐거든."

엘린이 말했다.

"회의에서 좋은 생각이 나오면 좋겠어. 우린 아직 아무 생각이 나지 않아!"

리나가 걱정스럽게 말했다.

"슬퍼하지 마, 우리에게 좋은 생각이 떠오를 거야!"

엘린은 리나의 손을 쓰다듬었다. 그리고 두 아이는 숲의 경계를 향해 서둘러 걸었다. 만일 두 아이가 앞으로 어떤 일이 생길지 알았다면 틀림없이 좀 더 조심했을 것이었다.

함정

엘린과 리나가 키득거리면서 수다를 떨며 숲의 끝까지 거의 다 왔을 때 일이 벌어졌다.

갑자기 두 아이의 발 밑 땅이 푹 꺼졌다. 엘린과 리나는 깜짝 놀라 '악' 하고 비명을 지르며 약 삼 미터 반 되는 구덩이로 떨어졌다. 엘린은 떨어지면서 얼른 자세를 잡고 고양이처럼 네 발로 바닥에 착지했다. 리나의 상태는 좋지 않았다. 거친 흙과 돌에 부딪히면서 뒤로 세게 넘어졌다. 다행이 구덩이 바닥은 나뭇잎이 두툼히 깔려 있었다. 그렇지 않았으면 분명히 아주 심하게 다쳤을 것이었다.

"어이쿠, 이게 뭐야!"

엘린이 일어나서 리나를 일으켜주면서 말했다.

"여기가 어디야?"

리나가 소곤거리며 트롤 소녀의 옆에 바짝 붙어 섰다.

돌과 나무뿌리가 섞인 매끄러운 흙이 두 소녀를 에워싸고 있었다. 구덩이 꼭대기에서 빛이 희미하게 컴컴한 구덩이로 새어들었다. 퀴퀴하게 썩은 냄새가 났다. 리나는 구덩이 속에 어떤 것들이 기어 다니고 있을지 상상도 하기 싫었다.

"하, 이것 좀 봐! 우린 밀렵꾼들이 파놓은 함정에 빠진 거야. 동물들이 함정에 빠져서 다리가 부러지지 않도록 삼촌과 내가 벌써 함정을 두 개나 발견해서 메웠는데!"

엘린이 씩씩거리며 말했다.

"하지만, 밀렵은 금지되어 있잖아!"

리나가 더듬더듬 말했다.

"물론이지! 이 못된 놈들을 잡기만 해봐라, 숲의 신이

가만 두지 않을걸!"

트롤 소녀가 화가 나서 발을 굴렀다.

리나는 몸을 떨기 시작했다. 미끄러운 높은 벽을 보자 속이 메스꺼웠다.

"엘린, 우린 갇혔어! 어떻게 하면 다시 빠져나갈 수 있을까? 여기에 있으면 아무도 우릴 찾지 못할 거야!"

리나가 쪼그리고 앉아 어스름한 빛 아래에서 피가 나는 아픈 무릎을 살펴보았다.

엘린은 리나의 머리를 부드럽게 쓰다듬었다. 그러자 인간 소녀도 침착해졌다.

"트롤을 이렇게 쉽게 잡을 순 없지!"

엘린이 확신에 찬 목소리로 말했다.

"걱정 마, 다시 밖으로 나가게 해줄게. 내가 좀 더 조심했으면 함정에 빠지지도 않았을 거야!"

그리고 나서 리나의 눈앞에 믿을 수 없는 일이 일어났

다. 엘린이 한 걸음 앞으로 가더니 그대로 벽 속으로 들어간 것이었다. 벽에 생겨난 연초록색의 작은 이끼 언덕이 천천히 위로 올라가더니 구덩이 꼭대기 즈음에 이르러 밝은 햇빛 속으로 사라졌다.

리나는 너무나 깜짝 놀라 눈을 비볐다. 그리고 멍하니 어둠 속을 뚫어져라 쳐다보았다. 그 때 뭔가 무거운 것이 구덩이 밖으로 나가는 소리가 들렸다.

엘린의 때 묻은 얼굴이 함정 위로 나타났다. 검은색의 맑은 눈이 반짝거리며 리나를 내려다보았다.

"조심해, 뒤로 물러나!"

인간 소녀는 엘린이 말한 대로 했다. 그러자 마른 나뭇가지가 구덩이 속으로 떨어졌다. 나뭇가지는 마치 사다리처럼 위로 기어올라가게 버텨주었다. 리나는 서둘러 위로 올라갔다.

"휴, 됐다!"

리나가 한숨을 쉬며 함정에서 나왔다. 리나는 행복하게 신선한 공기를 마시며 따뜻한 햇살을 받으며 즐거워했다.

엘린은 아직 할 일이 남아 있었다. 엘린은 구덩이 옆 땅바닥에 무릎을 꿇고 앉아 갈색 손을 땅바닥에 놓았다. 엘린이 조용히 땅바닥을 쓰다듬자 마치 마술처럼 구덩이가 메워졌다. 엘린은 몇 초 전만 해도 위험한 함정이 있던 자리에 나뭇잎과 작은 나뭇가지들을 흩뿌렸다. 이윽고 구덩이는 더 이상 다른 곳과 구분이 가지 않았다.

리나는 놀라서 트롤 소녀를 바라보았고, 엘린은 물음표가 가득한 리나의 눈을 보며 말했다.

"우린 이걸 자연과 하나로 녹아든다고 해. 녹아들고 싶은 흙이나 식물, 바위에 완전히 집중해야 해. 머릿속으로 그들에게 도와달라고 부탁하고, 그럼 그들이 나에게 자리를 마련해주는 것 같은 느낌이 들어. 그럼 그들 안으로 들어가거나, 아니면 그들을 다른 곳으로 움직일 수 있어. 하지만 이건 자연에게 전혀 해가 가지 않을 때만 가능해!"

엘린이 더 말을 하려고 했을 때, 근처에서 남자들의 목소리가 어렴풋이 들렸고, 다가오는 사람들의 발아래로 나뭇가지가 부러지는 소리가 났다. 엘린은 재빨리 리나를 나무 뒤로 데리고 가서 몸을 숨겼다. 두 아이는 숨을 죽인 채 누가 이 시간에 숲을 헤치고 인기척 없는 이 곳까지 들어오는지 기다렸다.

밀렵꾼

아이들 바로 앞에 무거운 자루들을 등에 진 두 남자가 나타났다. 한 사람은 키가 크고 말랐고 대머리에 귀가 쫑긋 서 있었다. 뺨에는 칼에 베인 것 같은 기다란 흉터가 번쩍거렸다. 또 다른 사람은 작고 뚱뚱했다. 둥근 얼굴은 수염이 덥수룩했고, 살 속에 푹 박힌 길게 찢어진 눈이 사나워보였다. 두 남자 모두 지저분한 모습이었다. 술 냄새와 땀 냄새가 리나와 엘린에게까지 풍겼다.

"여기인 것 같은데!"
키가 큰 남자가 웅얼거렸다.

"그래, 나도 그런 것 같은데!"

키 작은 남자가 투덜거렸다.

"그런데 구덩이를 못 찾겠어, 젠장!"

"우리가 파놓은 함정 중 두 곳이 벌써 사라졌어. 이게 지금 세 번째지? 제기랄, 대체 이게 어떻게 된 일이야!"

키 큰 남자가 혼란스러워하며 대머리를 긁적이고는 커다랗게 트림했다.

"입 다물어, 이 멍청아. 들키면 곧바로 감옥행이야."

키 작은 남자가 말했다.

엘린은 이를 갈았다. 그러니까 저들이 바로 밀렵꾼들이었다. 엘린은 화가 나서 몸이 떨렸다. 사실 엘린은 아빠와 삼촌에게 도움을 청해야 했다. 하지만 그사이 밀렵꾼들이 사라질지도 몰랐고, 또 인간 아이가 여기에 있는 것을 아빠와 삼촌에게 어떻게 설명해야 할지 몰랐다.

"잠깐만!"

엘린이 리나에게 속삭였다. 그러나 리나가 미처 엘린을 돌아보기도 전에 엘린은 나무에서 나무로 자리를 옮겨 여전히 욕을 하며 구덩이를 찾고 있는 밀렵꾼들에게 가까이 다가갔다.

엘린은 담쟁이덩굴이 감긴 너도밤나무 두 그루 옆에 멈춰 서서 짙은 초록색 잎을 천천히 쓰다듬었다. 그러고 나서 나무들 뒤에 서서 다친 여우처럼 구슬프게 앓는 소리를 냈다.

밀렵꾼들은 소리가 나는 곳을 찾느라 엄청난 소란을 피웠다. 그들은 씨익 웃으며 누런 이를 드러냈다.

"아하, 너도밤나무 뒤로군. 저기에 함정이 있었군! 아주 멋진 털가죽이 들어있는 것 같은데!"

키 작은 남자가 말했다.

두 남자는 급히 칼과 총을 꺼내들고 나무들 가까이, 엘린에게 다가갔다.

그리고 일이 벌어졌다.

담쟁이덩굴의 유연한 덩굴이 나무에서 스르르 풀려나오더니 밀렵꾼들의 팔과 다리와 배, 목을 칭칭 감았다. 이어 밀렵꾼들이 나무로 확 당겨지더니 온몸이 덩굴에 휘감겼다. 그리고 보기흉한 얼굴만 어리둥절하게 덩굴 밖으로 내민 상태가 되었다.

두 남자가 자신들이 포박을 당했고, 더 이상 풀려나지 못한다는 것을 알아차리자 커다란 비명이 터져 나왔다!

엘린은 밀렵꾼들의 눈을 피해 얼른 바닥에 떨어진 자루를 살펴보았다. 첫 번째 자루에는 털가죽들이 들어있었다. 이 동물들이 어젯밤에는 아직 살아 있었을 거라고 생각하니 엘린의 때 묻은 얼굴에 눈물이 흘러내렸다. 엘린은 서둘러 두 번째 자루를 열어보았다. 슬픈 눈의 작은 칡부엉이가 겁에 질린 채 날개를 퍼덕였다. 칡부엉이가

'우후후' 하고 울었다.

엘린은 칡부엉이의 머리를 부드럽게 쓰다듬었다.

"넌 자유야! 잘 숨어!"

엘린이 속삭였다.

"고마워, 엘린 우후후."

부엉이가 소곤거렸다. 그리고 갈색 날개를 펴고 눈에 보이는 나무들 중 가장 높은 나무로 날아갔다. 부엉이는 나무에 몸을 기댔다. 그러자 더 이상 눈에 띄지 않았다.

엘린은 밀렵꾼들이 보지 못하게 자루들과 칼, 총을 너도밤나무 앞에 놓았다. 누구든 두 사람을 발견하면 그들이 어떤 사람들인지 즉시 알 수 있을 것이었다. 트롤 소녀는 두 사람이 엄하게 벌을 받기를 바랐다. 할 수만 있다면 발로 세게 차주거나, 최소한 근질거리게 개미 몇 마리를 머리카락 위에 놓고 싶은 심정이었다.

그렇지만 이성이 이겼다. 엘린은 절대 사람들 눈에 모

숨을 들키고 싶지 않았다!

　엘린은 리나의 손을 잡고 조심스럽게 숲에서 나가는 길로 이끌었다. 인간 소녀가 집에 도착해서 방으로 들어가는 것을 보고, 엘린은 재빨리 자신의 잠자리로 돌아갔다. 오늘 저녁에는 트롤들의 회의가 있었다. 그 때까지 푹 쉬어야 했다.

트롤들의 회의

깊은 너도밤나무 숲 속 한가운데에 있는 빈터는 언뜻 보기엔 텅 비어 있는 것처럼 보였다. 하지만 자세히 눈여겨보면 밝은 달빛 아래에 움직이는 것은 나뭇가지와 덤불만이 아니었다. 점점 더 많은 트롤들이 밤의 어둠 밖으로 천천히 모습을 드러냈다.

모두가 왔다. 열두 명의 가족들이 숲 속의 빈터 중앙에 모두 나타났다. 머리카락에 나뭇가지와 나뭇잎이 솟아나 있는, 키가 큰 갈색 숲의 트롤들은 초록색 물풀 옷을 입은 키가 중간쯤 되는 회색의 시냇물 트롤들 옆에 섰다. 초원의 트롤들은 그들의 가장 아름다운 꽃으로 머리에 화

환을 만들어 썼고, 거무스름한 동굴 트롤들 주변에는 박쥐들이 날아다니고 있었다.

엘린의 부모님인 닐레와 골라는 족장으로서 가운데의 바위 위에 자리를 잡았다. 엘린과 알로크와 토르크 삼촌은 바위 가장자리에 섰다. 엘린은 친구들을 알아보았다. 엘린은 조심스럽게 친한 친구인 시린에게 손을 흔들었다. 아, 친구들이 얼마나 그리운지!

그러나 숲의 아이들의 부모들은 여전히 차갑고 화가 난 표정으로 엘린을 쳐다보았다. 반년이나 지났는데도 그들은 엘린이 한 짓을 용서하지 않고 있었다. 인간의 눈에 띄는 것에 대한 두려움은 한마디로 너무나 컸다. 알로크는 위로하듯이 동생의 어깨에 팔을 둘렀다.

엘린의 엄마 닐레가 회의 시작을 알렸다. 닐레는 초원에서 일어난 일에 대해 자세히 설명했고, 특히 엘린이 결정적인 아이디어를 냈음을 강조했다.

"굴착기를 막는 것을 엘린이 돕지 않았다면 숲은 이미 파괴되었을 거예요!"

엘린의 엄마가 말했다.

트롤들은 수긍하는 듯이 웅얼거렸다. 엘린을 향하는 그들의 눈길이 서서히 부드러워졌다.

엘린의 아빠 골라가 말을 이었다.

"인간에게서 이 땅을 최종적으로 지키기 위해 우린 여러분의 도움과 아이디어가 필요합니다!"

엘린의 아빠가 숲의 존재들에게 간절하게 말했다.

"우리는 시냇물을 다른 길로 우회시켜서 모든 것을 침수시킬 수 있습니다. 물이 범람하는데 더 이상 집을 지을 수 없겠지요!"

나이가 많은 물의 트롤, 바란이 말했다.

"아니면 꿀벌과 말벌들을 모두 수목 한계선까지 보내는 거예요. 이 초원에 발을 들여 놓으려는 인간은 누구나 벌에 쏘이는 거죠."

예쁜 초원의 트롤, 사린이 어쩔 줄을 몰라 화관을 잡아 뜯으며 조그맣게 말했다.

힘센 동굴 트롤인 말로크가 화난 목소리로 말했다.

"근처의 인간의 집들을 쓸어버릴 지진이 인간들을 막을 수 있습니다. 그렇게 하게 해주십시오!"

엘린은 고개를 저었다. 알로크 오빠가 안아줬음에도 엘린은 점점 더 추워졌다. 엘린의 눈앞에 리나가 물에 떠내려가거나, 벌들에게 쏘이거나, 지진의 폐허 아래 누워 있는 것이 보였다.

"안돼요!"

엘린이 낭랑한 목소리로 소리쳤다. 모두가 엘린을 쳐다보았다. 어린아이가 회의에서 발언을 하는 것은 흔한 일

이 아니었다.

하지만 엘린은 주저하지 않았다.

"시냇물은 우리의 식물들을 위해 꼭 필요한 거예요. 물이 없다면 인간들이 초원에 집을 짓지 않아도 식물들은 말라 죽을 거예요. 또 우리의 벌들에 대항해서 인간들은 그냥 살충제를 쓰겠죠. 지진도 지금껏 새로 집을 짓는 것을 잠시 동안만 막았을 뿐이에요. 그리고 자연을 지키려고 하는 인간들에게도 해를 끼칠 수 있어요! 그건 안돼요!"

엘린이 말을 이었다.

"이 제안들로는 일이 진전될 수 없어요!"

숲의 존재들은 놀라서 엘린을 바라보았다. 트롤 아이가 옳았다. 엄마인 닐레는 자랑스럽게 골라의 손을 꼭 쥐었다.

그 때 무리에서 거무스름한 형체가 앞으로 나왔다.

"누가 엘린이 아니랄까봐, 잘난 척은."

오싹할 정도로 차가운 목소리가 들렸다. 늘 언짢은 기분에 질투심이 많은 동굴 트롤, 자고르가 앞으로 나섰다. 그는 엘린을 회의에서 비방하고 동시에 일 년의 놀이금지를 요구한 장본인이었다.

"넌 놀이금지에도 불구하고 아이들이랑 돌아다니고, 오늘 아침에도 인간에게 들킬 뻔 한 그 엘린 아냐?"

자고르가 심술궂게 웃으며 귀를 기울이고 있는 숲의 존재들에게 돌아섰다.

"그런데 여러분들은 이 엘린을 따르겠다고요?"

엘린의 엄마가 깜짝 놀라 딸을 돌아보았다.

"그게 정말이니? 트롤 아이들이랑 놀았어?"

엘린은 눈 하나 깜짝하지 않고 대답했다.

"아뇨, 약속한대로 안 놀았어요, 맹세해요!"

엘린은 갈색 손까지 들고 말했다. 리나는 어쨌든 트롤 아이는 아니었다.

그리고 야무진 목소리로 밀렵꾼에 대해 이야기했다. 물론 인간의 아이에 대해서는 말하지 않았다.

"그리고 그 밀렵꾼들은 제 머리카락 한 올도 못 봤어요!"

엘린은 이야기를 마쳤다.

"잘했다!"

슬슬 화가 나기 시작한 토르크 삼촌이 엘린을 칭찬하고 엘린의 손을 잡아주었다.

"잘했어!"

다른 목소리들도 들렸다. 토르크 삼촌은 자고르에게 몸을 돌렸다.

"자, 친구. 말도 안 되는 헛소문이나 퍼뜨리는 것 대신에 이 초원을 구할 좋은 생각이 있는지 들어보고 싶군!"

토르크 삼촌이 동굴 트롤에게 말했다.

"에……."

자고르가 더듬거렸다. 이런 반전이 있을 줄은 예상치 못했다. 자고르는 얼굴이 새빨개진 채 한걸음 뒤로 물러났다.

"쳇, 그렇다면 초리히 할아버지에게 물어보는 건 어떨까요? 그분은 이 일을 수습할 좋은 생각이 있을지도 모르지요."

토르크 삼촌이 갑자기 초라하게 작아진 동굴 트롤을 경멸하듯 쳐다보았다.

"그래요, 초리히 할아버지에게 물어봅시다! 태초의 트

롤에게요!"

다른 트롤들이 말했다.

초리히 할아버지는 나이가 굉장히 많은 동굴 트롤이었고, 자고르와는 다른 유형의 트롤이었다. 나이는 벌써 구백오십육 살이었고 지혜롭고 아이디어가 풍부했다. 숲의 존재들은 그를 존경했지만, 그의 날카로운 말과 거침없는 비판을 두려워했다. 초리히 할아버지는 워낙 고령이라 지난 몇 년 간 숲에 있는 그의 동굴에만 머물고 있었다. 엘린은 초리히 할아버지를 친할아버지처럼 사랑했고 그를 찾아가는 것을 좋아했다.

"누가 초리히 할아버지에게 가야할지, 벌써 알 것 같습니다!"

토르크 삼촌이 기분 좋게 말했다. 엘린은 삼촌이 미소를 지으며 자기 쪽으로 몸을 돌리자 순간 몸이 뜨거워졌다가 다시 차가워졌다. 도와달라는 듯이 엘린은 가족들 쪽을 보았다. 하지만 엘린의 눈에 들어오는 것은 수긍하는 듯이 고개를 끄덕이는 숲의 존재들의 모습뿐이었다.

초리히 할아버지

 엘린은 무성한 수풀 속에 서 있었다. 트롤 소녀의 주위로 밤의 숲이 쏴아하는 소리를 냈다. 시커먼 먹구름 뒤로 달이 숨어 있었고, 빗방울이 후두둑 나뭇잎에 떨어지기 시작했다.
 이 곳에 초리히 할아버지의 동굴이 있었다. 엘린은 어쩔 줄 몰라 하며 주위를 둘러보았다. 초리히 할아버지에게 자주 왔었지만, 이런 비바람 치는 밤에는 모든 것이 뭔가 달라보였다.
 갑자기 뭔가가 엘린의 얼굴을 아슬아슬하게 스치며 날아갔다. 엘린은 비명을 지르며 뒤로 펄쩍 물러났다. 다시 한번 뭔가가 가볍게 엘린의 머리 주위를 스쳤다. 마치 누군가가 '안녕' 하고 말하는 것 같았다. 그제야 엘린은 무슨 일인지 알아차리고 한쪽 팔을 앞으로 뻗었다.

잠시 후 정말로 뭔가 작은 물체가 따뜻하고 촉촉한 트롤 소녀의 팔에 앉았다.

"좋은 저녁이야, 엘린. 내 이름은 랑외르헨(역주: 긴 귀라는 뜻)이야. 도와줘도 될까?"

쉰 목소리가 말했다.

"안녕, 랑외르헨!"

엘린은 박쥐의 회갈색 털을 쓰다듬었다. 박쥐는 유별나게 길고 뾰족한 귀를 하고 있었다. 박쥐의 귀가 천천히 뒤로 접혔다. 엘린은 박쥐들이 어둠 속에서 사냥을 하며, 귀로 보고 팔로 날아다닌다는 것을 알고 있었다. 박쥐는 보통 어디에도 부딪히지 않는, 믿을 수 없을 만큼 멋진 밤의 비행사였다.

"도와준다니, 고마워! 초리히 할아버지의 동굴에 꼭 가야 해. 할아버지라면 어떻게 해야 초원을 구할 수 있을지 아실지도 몰라."

엘린이 말했다.

"그 얘기 들었어. 초원은 내 사냥 구역이야. 거기엔 아주 맛있는 나방이 있지."

랑외르헨이 소곤거리고는 입맛을 다셨다.

"태초의 트롤의 동굴을 알려줄게, 식은 죽 먹기야."

박쥐가 싱긋이 웃었다.

"동굴은 바로 코앞에 있거든!"

랑외르헨이 엘린의 팔에서 훌쩍 날아가더니, 엘린의 바로 앞에 있는 무성한 호랑가시나무 가지 사이로 날아갔다. 자세히 보니 정말 동굴 입구가 보였다. 동굴은 호랑가시나무의 가시가 있는 잎들로 거의 완전히 감춰져 있었다. 엘린은 한 손을 뻗어 초록색 잎을 살짝 만졌다. 그러자 가지들이 바스락거리며 엘린이 쉽게 동굴에 들어갈 수 있게 살그머니 비켜주었다.

짙은 어둠이 트롤 아이를 감쌌다. 으스스한 밤의 동굴이 서서히 눈에 들어왔다. 천장에는 사냥을 마치고 편안하게 잠이 든 수백 마리의 박쥐가 매달려 있었다.

엘린은 다시 한번 랑외르헨에게 손을 흔들고 앞으로 나아갔다. 몇 분 간 동굴을 걸어가자 급한 내리막길이 나왔고, 엘린은 늘 그랬듯이 놀라면서 멈춰 섰다.

수많은 반딧불이가 거대한 동굴 내부를 초록색 빛으로 환하게 밝히고 있었다. 동굴 가운데에 있는 호수의, 거울처럼 맑은 수면에도 초록색 빛이 반사되고 있었다.

반짝반짝 눈부신 빛이 아름답기 그지없었다!

그리고 호숫가의 커다란 바위에 하얀 머리의 동굴 트롤이 굽은 허리를 굵은 나무 지팡이에 기대고 앉아 있었다. 일 미터쯤 되는 눈처럼 새하얀 수염이 노인의 발까지 닿아 있었다. 짙은 갈색 얼굴에는 주름이 가득했다. 초리히 할아버지다! 드디어 엘린은 태초의 트롤을 발견했다.

"엘린, 벌써 널 기다리고 있었다!"
동굴 트롤이 눈을 뜨지도 않은 채, 나이에 걸맞지 않는, 맑고 분명한 목소리로 소녀에게 인사했다.
"제가 올지 어떻게 아셨어요?"
엘린이 놀라 물었다.
초리히 할아버지가 껄껄 웃었다.
"내가 여기 어두운 내 동굴에 앉아 있긴 하지만, 가끔은 듣고 싶은 것 이상으로 듣게 되지!"
초리히 할아버지가 마디가 굵은 지팡이로 반딧불이와 박쥐들 쪽을 가리켰다.
엘린은 태초의 트롤을 꼭 안고는 나뭇잎에 싼 신선한

빨간 산딸기를 내밀었다.

"이거 드세요! 할아버지 드리려고 땄어요!"

초리히 할아버지가 달콤한 산딸기 향기를 깊이 늘이마시더니 갈색 눈으로 엘린을 다정하게 보았다.

"이렇게 멋진 산딸기는 몇 년 간 본 적이 없는걸. 고맙구나, 애야."

할아버지가 말하고는 선물을 맛있게 먹기 시작했다.

"이야기를 그렇게 많이 들으시면, 우리의 초원이 위험하다는 것도 아시겠네요? 우릴 도와주실 수 있으세요?"

엘린이 흥분해서 말했다.

"오냐."

초리히 할아버지가 산딸기를 먹으면서 웅얼거렸다.

"그 얘기 들었다. 안심해라. 너희들은 해결방법을 발견하게 될 테니. 자연은 스스로 자신을 도울 수 있지."

할아버지가 수수께끼 같은 말을 덧붙였다.

"하지만 무식한 트롤들이 제안한 대로는 아니지. 파괴는 절대 길이 아니야! 바란과 말로크답군!"

할아버지가 화를 냈다.

"그럼 어떻게 해요?"

엘린이 실망해서 조그맣게 물었다. 자연은 스스로 자신을 도울 수 있다는 조언보다 뭔가 더 많은 것을 기대했던 터였다.

"인간들이 보고 감탄해야 해. 그러면 이해하고 행동하게 되겠지."

초리히 할아버지의 목소리가 점점 더 나직하게 가라앉았다.

"넌 그걸 알게 될 거다, 엘린. 그건 네 안에 있어! 그리고 그와 똑같이 결정적인 것은 우정이 얼마나 중요한 것인지 네가 깨닫는 것이지."

엘린은 고개를 끄덕였다. '혹시 초리히 할아버지가 리

나에 대해서도 알고 있을까,' 라고 생각하니 겁이 났다.

"우정에 있어서 중요한 것은 상냥한 미소나, 손 내밀어 악수를 하거나, 재미있게 노는 것이 아니란다. 그게 아니지, 엘린. 우정에 있어서 더없이 좋은 건 친구에게 바치는 신뢰야. 그리고 진실한 친구는 강하게 만들지. 혼자는 대부분 외롭고 힘이 없지만, 둘은 이미 좋은 쌍두마차지. 하지만 너희들이 셋이 되면 다른 모두가 함께 협력한단다!"

엘린은 다시 고개를 끄덕였다.

"차라산과 겔브크로이츠헨의 도움이 없었다면, 또 어린 유니콘의 마술의 힘이 없었다면, 그리고 할아버지의 부적이 없었다면, 봄에 우린 무서운 검은 유니콘을 절대 속여 넘기지 못했을 거예요!"

초리히 할아버지가 웃었다.

"그래, 너희들은 서로 믿고 의지했지. 너희들의 힘은

너희가 서로 달랐기 때문에 생긴 거란다. 큰 문제를 해결하려면 각자가 가진 능력의 다양성이 필요하지."

이 말과 함께 초리히 할아버지는 고개를 푹 떨어뜨리더니 깊이 잠이 들었다.

엘린은 어리둥절해서 잠시 기다렸다. 태초의 트롤은 더 이상 움직이지 않았고 나지막이 코고는 소리만 동굴에 울렸다. 엘린은 헛기침을 했다. 하지만 노인은 일어나지 않았다.

트롤 소녀는 무거운 마음으로 동굴 입구를 향해 발을 끌며 걸었다.

'저 말씀은 뭘 하라는 거지? 인간들이 무엇을 보고 감탄해야 한다는 거지? 도대체 어떤 능력의 다양성을 말하는 걸까? 그건 네 안에 있다, 라고 얘기하셨지. 어휴, 말씀은 참 멋지게 하셔.'

엘린은 서늘한 동굴에서 따뜻한 밤의 숲으로 나왔다.

먹구름은 물러갔고, 나무들 사이로 어두운 밤하늘에 별들이 반짝이는 것이 보였다. 숲은 마치 마법에 걸린 듯 달빛 아래 평화롭게 누워 있었다.

엘린은 기운을 차렸다. 엘린의 숲은 돌이킬 수 없게 파괴되기엔 한마디로 너무나 아름다웠다.

"항상 뭔가 좋은 생각이 떠올랐었잖아!"

엘린은 자신을 위로했다. '그건 네 안에 있다, 그건 네 안에 있다.' 라고 트롤 할아버지의 목소리가 엘린의 머릿속에 메아리쳤다.

엘린은 동굴입구에서 묻은 거미줄을 황금빛이 도는 초록색 머리에서 걷어내고 서둘러 잠자리가 있는 곳으로 돌아갔다.

박쥐 랑외르헨과 그의 가족들은 벌써 오래전에 휴식을 위해 동굴에 와 있었다. 초리히 할아버지도 변함없이 지팡이에 기댄 채 넓은 동굴에 앉아 있었다. 하지만 잠든 것이 아니었다. 깊이 생각에 잠긴 초리히 할아버지는 거울처럼 매끈한 동굴 호수의 수면을 응시하고 있었다.

'엘린이었군 그래!'

초리히 할아버지는 미소를 짓지 않을 수 없었다.

'엘린은 아직 어리지만, 총명하고 용감하지.'

초리히 할아버지는 그 트롤 소녀가 그를 찾아올 때마다 소녀의 내적인 강인함과 넘치는 삶의 기쁨을 느꼈었다. 그는 깊이 생각했다.

'그래, 엘린이 선택받은 자로구나. 엘린은 동맹을 새로이 맺고 인간과 트롤을 다시 결합시킬 거야! 적대관계는 적대관계로 끝나지 않을 거야. 우정이 적대관계를 끝내겠지. 부디, 저 소녀가 이 어려운 임무를 위해 충분히 강해져 있기를!'

보기와 감탄하기

　리나와 엘린은 달팽이 놀이를 했다. 밤사이 내린 비가 검정색과 벽돌색의 달팽이들을 달팽이집 밖으로 꾀어냈다. 두 소녀는 빠른 걸음으로 숲길을 지그재그로 달리며 커다란 달팽이들을 마지막 순간에 멋지게 피했다. 두 아이는 키득거리며 시냇가에 다다랐다.

　리나는 숨이 차서 시냇가의 부드러운 이끼에 풀썩 주저앉았다. 옷이 조금 젖기는 했지만, 상관없었다. 해가 옷을 다시 말려줄 것이었다. 리나는 손을 머리 뒤로 깍지 끼고 파란 하늘을 올려다보았다. 그리고 맑은 시냇물이 조르륵거리며 흘러가는 소리에 평화롭게 귀를 기울였다.

"이 소리 좀 들어봐. 꼭 누가 키득거리거나 트림을 하는 것 같지 않아?"

리나가 엘린 쪽으로 몸을 돌렸다.

"응, 시냇물에 있는 돌들이 키득거리는 거야. 물이 돌들을 간질이거든. 그리고 물속의 작은 물고기들이 물풀 사이에서 트림 대회를 해!"

"말도 안 돼! 물고기는 트림을 못해!"

리나가 대꾸했다.

"두말하면 잔소리! 물고기들은 하루 종일 트림하고 방귀를 뀌어. 삼켰던 공기를 어떻게든 다시 내보내야 해! 그렇지 않으면 풍선처럼 부푼 배를 내놓고 물에 둥둥 떠다녀야 할걸!"

엘린이 맞섰다.

그 장면을 상상하자 두 소녀는 다시 웃음이 터졌다.

그리고 엘린은 리나에게 태초의 트롤인 초리히 할아버

지와 만난 이야기를 했다.

"할아버지가 말씀하신 '자연은 스스로 자신을 도울 수 있다'는 게 무슨 뜻일까?"

리나가 물었다.

엘린은 어깨를 으쓱해보였다.

"그걸 알면 얼마나 좋겠어! 그리고 인간들이 무엇을 보고 감탄해야 한다는 건지도 통 모르겠어!"

엘린이 한숨을 쉬었다.

"그게 만일 아이들이라면, 넌 그냥 나한테 하듯이 아이들에게 숲을 보여주기만 하면 될 텐데. 부모님하고 산책하는 것도 아주 좋긴 하지만, 너랑 같이 산책할 때처럼 그렇게 신나고 재미있었던 적은 지금껏 한번도 없었어!

그러고 나면 아이들은 더 이상 초원에서 풀 한포기도 꺾지 않을 거야!"

엘린은 생각에 잠겨 머리를 끄덕였다.

"하지만 인간 어른들은 더 어려워. 그들은 세상을 완전히 다른 눈으로 봐. 마치 어두운 구덩이 속에서 움직이면서 바깥의 빛나는 색깔은 전혀 알아차리지도 못하는 것과 같아."

"우리가 밀렵꾼의 함정에 빠졌을 때랑 똑같네!"

리나가 말하고는 몸을 떨었다.

"맞아. 그런데 어떻게 하면 어른들이 그 구덩이를 떠나도록 만들 수 있을까?"

엘린이 이맛살을 찌푸렸다.

그러다 엘린의 얼굴이 환해졌다.

"이제 알겠어!"

엘린이 자리에서 벌떡 일어섰다.

"초리히 할아버지 말씀이 맞았어! 우린 어른들에게 이렇게 아름다운 자연이 있다는 것을 기뻐할 만큼 뭔가 아주 멋진 것을 보여줘야 해. 어른늘이 보고 감탄해야 해. 바로 그거야!"

엘린이 행복한 얼굴로 손뼉을 치고는 리나의 주위를 빙글빙글 돌았다.

"그게 뭔지도 알 것 같아. 그렇지만 너와 알로크 오빠가 도와주지 않으면 해낼 수 없어!"

"당연히 돕지. 그리고 내 말 좀 들어봐. 그걸 언제 보여줄 수 있을지 알 것 같아. 아빠가 내일 오후에 환경부의 높은 아저씨를 초원으로 초청했어. 어른들이 모두 거기로 올 거야. 왜냐하면 그 후에 초원에 집을 지을 지, 최종적인 결정이 내려진다고 했거든!"

리나가 웃었다.

"그럼 시간이 많지 않네! 가자, 리나! 할 일이 엄청나게 많아!"

엘린이 흥분해서 인간 아이를 잡아 끌었다.

두 소녀는 손짓 발짓을 해가며 계획을 세우면서 시냇가를 떠났다.

만일 엘린이 내일 있을 일에 그렇게 완전히 몰두해 있지 않았다면, 시냇가 아래쪽에 마치 회색 바위인양 물 위에 솟아 있는 거무스름한 마른 형체가 있다는 것을 알아차렸을 것이었다.

자고르가 심술궂게 입술을 일그러뜨리며 비죽이 웃었다.

'이번엔 엘린이 도를 넘었군! 정말로 트롤 아이들하고 논게 아니었어. 그것보다 훨씬 안 좋아! 인간과 만나다니, 그것으로 숲의 비밀을 누설한 거야! 오늘 아침에 이렇게 일찍 일어난 게 아주 다행이군.'

자고르는 기분이 좋아 어쩔 줄 몰랐다.

'그래, 저 못된 것이 이제 드디어 제대로 벌을 받겠지. 이번엔 일 년 간의 놀이금지로는 어림도 없을 걸! 어쩌면 숲에서 쫓겨날지도 모르지. 그래, 맞아. 그런 벌을 받아야 마땅하지!'

자고르가 음흉하게 웃었다.

자고르는 서둘러 차가운 시냇물을 떠났다. 그 역시 준비를 해야 했다. 트롤들의 특별 회의가 소집될 것이었다. 드디어 오늘 저녁 복수를 즐기게 될 것이었다!

자고르의 복수

　엘린은 특별 회의가 소집된 것을 알고 몹시 놀랐다. 보통은 엘린의 부모님이 숲의 존재들을 숲 속 빈터로 소집했다. 그러나 특별한 상황이라면 트롤은 누구든 회의를 소집할 권리가 있었다.
　엘린과 알로크는 숨이 턱에 차, 땀을 흘리며 막 회의 장소에 도착했다. 엘린은 오빠와 함께 종일 내일 있을 일을 위한 준비를 한 터였다. 엘린은 오빠에게 계획을 털어놓았다. 길게 물을 것도 없이 알로크 오빠는 적극적으로 도왔다. 알로크 오빠는 이 세상에서 제일 좋은 오빠였다. 그렇지만 오빠가 도와줘도 시간이 너무 촉박했다. 아직

해야 할 일이 너무 많았다. 이 회의 소집은 정말 시간적으로 영 마땅치 않았다. 하지만 엘린은 새로운 소식을 놓치고 싶지 않았다.

목에 힘을 주고 이리저리 왔다갔다 하고 있는 자고르가 즉시 엘린의 눈에 들어왔다. 시커먼 동굴 트롤은 굉장히 기분이 좋아보였다. 그것만으로도 벌써 조짐이 좋지 않았다.

엘린이 나타나기만 기다린 자고르는 속으로 신이나 손을 비볐다. 그의 차가운 목소리가 상쾌한 여름밤 공기를 불쾌하게 갈랐다.

"엘린에 관한 문제입니다!"

자고르가 포문을 열었다. 몇몇 트롤이 또 그 얘기냐는 식으로 눈을 흘겼다. 하지만 못된 자고르는 꿈쩍도 하지 않았다.

"이 못된 계집애가 정말로 우리의 최고 계율을 어겼

단 말입니다."

자고르가 말을 이었다.

"엘린은 인간의 눈에 띄었을 뿐만 아니라, 몰래 인간들과 만나고 있기까지 합니다. 기가 막히죠, 저 애가 무엇을 누설했는지, 누가 알겠습니까. 어쨌든 숲의 비밀인 우리 트롤공동체는 더 이상 비밀이 아닌 것입니다!"

완전히 흥분한 자고르는 마치 역겨운 두꺼비처럼 숲의 주민들의 발 앞에 마지막 말을 내뱉었다. 그의 오른쪽 손가락이 비난의 화살처럼 작은 트롤 소녀를 가리켰다.

악의에 찬 동굴 트롤의 갑작스런 포문에 무거운 정적이 흘렀다. 이어 화난 목소리들이 들리기 시작했다. 숲의 존재들로서는 상상도 할 수 없는 일이었다. 수천 년 간 그들의 비밀은 안전하게 지켜지고 있었다. 지금까지 그 비밀을 안 인간은 하나도 없었다. 인간은 악하고 위험했다. 결코 친구가 아닌, 항상 적이었다! 숲 속 빈터의 분위기가 점점 더 험악해졌다.

  토르크 삼촌과 엘린의 부모인 골라와 닐레, 그리고 알로크는 엘린을 보호하듯 엘린에게 가까이 다가섰다.
  엘린 자신은 고발을 당하는 동안 아주 침착해져 있었다. 엘린은 두렵지 않았다. 또한 자기가 잘 못했다는 생각조차 들지 않았다. 엘린은 당당하게 고개를 들고 자고르 앞으로 나아가 분에 차서 아직까지 떨리고 있는, 엘린을 가리키고 있는 자고르의 손가락을 옆으로 치웠다.
  그리고 아주 침착하고 분명한 목소리로 말하기 시작했다. 엘린은 인간 소녀와 만나게 된 이야기를 했다. 그리고 리나가 얼마나 상냥하고 용감한 아이인지와 리나가 숲의 비밀을 혼자만 간직하겠다고 맹세했다는 이야기를 했다. 끝으로 초원을 구하기 위해 엘린과 리나가 공동으로 짠 계획에 대하여 숲의 주민들에게 이야기했다.

"우리 트롤이 인간과 함께 협력해서 일을 해야 만 우리는 초원과 숲을 구할 수 있습니다. 혼자서는 트롤도, 인간도 해낼 수 없어요!"

그리고 엘린은 주먹을 꼭 쥐고 화가 나서 반짝거리는 눈으로 고발자를 향해 몸을 돌렸다.

"이 마녀방귀, 두꺼비똥, 자고르!"

그건 엘린이 알고 있는 가장 나쁜 욕이었다.

"네가 나한테 원하는 게 뭔지 정말 모르겠어! 날 가만히 내버려 두고, 자연을 좀 도와!"

숲의 주민들은 조용히 귀를 기울이고 있었다.

'엘린의 말이 맞을까? 인간과 연합을 해야 할까?'

결정을 내리기 어려웠다. 지금까지의 최고의 목표는 늘 들키지 않고 지내는 것이었다.

엘린은 트롤의 얼굴들을 하나하나 바라보았다. 알로크 오빠를 설득할 수 있었던 것처럼 숲의 주민들을 설득한 걸까? 엘린은 완전히 확신을 가질 수 없었다!

그 때 갑자기 숲가에서 노쇠했지만 맑은 목소리가 천둥처럼 울렸다.

"여기에 뭘 더 고민할 것이 있는가? 이제 드디어 예언을 떠올려 보아라. '그리고 그 날이 오리니, 인간과 트롤이 다시 손을 잡고 새로운 동맹을 맺을 것이다!'"

엘린은 눈을 믿을 수 없었다. 초리히 할아버지가 몸을 꼿꼿이 세우고 숲의 주민들 앞에 서 있었다. 눈처럼 새하얀 머리카락이 바람에 날렸고, 검은 어둠 속에 그의 모습이 은빛으로 빛나고 있었다. 초리히 할아버지가 굵은 매듭이 진 지팡이를 들어 군중들을 향해 뻗었다.

"엘린을 도와라! 시간이 없다. 그렇지 않으면 우린 모두 곧 집을 잃게 될 것이다."

그러자 숲의 주민들이 단숨에 결심한 듯 엘린을 둘러쌌다.

"우리가 뭘 할 수 있을까?"

그들은 미소를 지으며 트롤 아이의 등과 어깨를 두드렸다.

토르크 삼촌은 몇 분 간 죽였던 숨을 천천히 내쉬었다. 꼭 쥐었던 주먹이 서서히 풀렸다. 그리고 '아쉽군' 하고 속으로 생각했다. 자고르를 흠씬 두들겨 패주었더라면 아주 재미있었을 것이라고 생각했다. '그래, 봐주마. 시간이 지금만 있는 건 아니니까!'

자고르는 눈앞에서 벌어진 일을 믿을 수 없었다. 엘린이 뭘 하든, 결국 지는 쪽은 항상 그였다. 이제 어떻게 트롤들과 계속 같이 살아야 할지 걱정이었다.

그 때 작은 손이 그의 손을 잡는 것이 느껴졌다. 손을 내려다보니 엘린이었다.

"같이 할래?"

엘린이 진지하고도 신뢰가 가득한 눈으로 자고르에게 물었다.

자고르는 숨을 삼켰다. 그렇게도 엘린에게 못되게 굴었음에도 불구하고 엘린은 지금 이 어려운 순간을 뒤로 하고 그를 돕고 있었다. 자고르는 헛기침을 하고 고개를 세차게 끄덕이고는 엘린을 따라 숲 속으로 갔다.

정부 인사

　오후의 햇살 아래 꽃이 활짝 핀 초원이 형형색색으로 환하게 빛났다. 엘린은 누구든 이 모습을 보는 것만으로도 꿈처럼 아름다운 이 땅을 파괴하고 집을 지으려는 생각이 사라질 거라고 생각했다. 그렇지만 그런 생각이 들도록 가르쳐줘야 하는 인간도 몇몇 있는 것은 틀림없었다. 오늘이 바로 그들을 가르쳐야 하는 날이었다.
　엘린은 이른 아침에 벌써 리나와 만나 다시 한번 전체 계획에 대해 의논했었다. 그리고 리나는 정부인사와 만나는 자리에 같이 가게 해달라고 아버지가 허락할 때까지 졸랐다.

"알았다. 하지만 조심해, 아빠 일을 망치면 큰일 난다!"

리나의 아버지가 딸에게 엄하게 말했다.

리나는 아무 말없이 속으로 흐뭇하게 웃었다. '헤헤, 무슨 일이 벌어질지 아빠가 알기만 한다면…….'

트롤들은 숲가에서 자연과 하나가 된 채 일을 지켜보고 있었다. 나무와 수풀, 바위에 괴상하게 생긴 덩어리나 모서리, 언덕이 튀어나와 있었다. 이끼언덕 하나가 불안하게 움직였다.

엘린은 초조했다. 모든 게 잘 되어야 할 텐데. 엘린의 가녀린 어깨를 누르는 책임감이 엘린을 깊이, 바닥까지 짓눌렀다. 하지만 엘린은 자기의 새로운 친구를 믿었다. 리나는 믿을 수 있었다!

엘린은 인간 소녀를 지켜보면서 미소를 짓지 않을 수

없었다. 소녀는 초록색 원피스를 입고 있었다. 바람이 소녀의 머리카락을 흩날렸다. 의심할 여지없이 소녀는 트롤 아이와 놀랄 만큼 비슷해 보였다.

그 사이에 관계자들이 모두 초원 앞에 모였다. 건축현장 인부들은 시장과 시 공무원들 옆에 서 있었다. 그 옆에 조금 떨어져 리나의 부모님과 이웃들이 모여 있었다.

그 때 검정색 승용차가 초원으로 향하는 길로 다가오더니 사람들의 무리 앞에 멈춰 섰다.

엘린은 실망했다! 메마른 표정의 키 작은 정부 인사가 모습을 드러냈다. 하지만 그는 꼿꼿한 자세를 취했다.

"친애하는 오버마이어 박사님, 박사님을 이렇게 저희의 건축부지에 모시게 되어 영광입니다!"

시장이 오버마이어 박사에게 공손하다 못해 몹시 굽실거렸다.

오버마이어 박사가 시장이 내민 손을 못보고 그냥 지나쳤다.

"확정된 것은 아니지요! 건축이 될지 안 될지는 우선 내가 둘러본 후에 결정이 될 겁니다!"

국장은 둘러선 어른들 모두에게 인사한 후 끝에 서 있는 리나에게 몸을 돌렸다.

"이 어린 아가씨는 누구신가?"

"저는 리나라고 해요. 국장님이 원하신다면, 저희의 초원을 보여드리겠습니다!"

리나의 아버지가 미처 뭐라고 하기도 전에 리나는 얼른 오버마이어 박사의 손을 잡았다.

"좋아요!"

국장이 다정하게 소녀를 보았다.

"이 아이와 가겠습니다. 다른 분들은 다들 여기에 있으세요!"

원성의 소리가 새어나왔다. 하지만 국장은 불만의 소리를 못들은 체 했다. 아마도 국장은 싸움꾼들에게서 벗어난 것이 기뻤을 것이었다. 리나는 환하게 웃었다. 일이 기대했던 것보다 훨씬 수월하게 풀려나갔다.

"이 초원은 정말 아름답구나. 그렇지만 건축과 성장은 시를 위해서 똑같이 중요하지!"
국장이 리나에게 말했다.
"이제 가보실까요?"
리나가 국장에게 눈을 깜박였다. 그리고 두 사람은 걸음을 뗐다.
그러자 마치 무슨 신호라도 되는 듯 초원의 땅바닥에서 엄청난 나비들이 구름처럼 날아올랐다. 처음에는 수백의 멧노랑나비들이 하늘로 날아올라갔다. 이어 날개가 파랗게 빛나는 네발나비들이 날아올랐다. 그리고 파란색 커

다란 공작 눈 무늬를 가진, 벨벳처럼 부드러운 붉은 갈색의 공작나비들이 구름처럼 날아올랐다. 마지막으로는 초록빛으로 반짝이는 녹색부전나비들의 화려한 비행이 장관을 이루었다. 나비들은 현란한 불꽃놀이처럼 구경꾼들의 눈을 즐겁게 해주고는 순식간에 초원의 풀들 사이로 다시 사라졌다.

"정말 아름답군!"

오버마이어 박사가 나지막이 말했다.

"이건 시작에 불과해요."

리나가 웃으며 말했다. 리나가 손을 들자, 갑자기 잠자리들의 날갯짓 소리가 공중에서 윙윙거렸다. 마치 실로 엮은 구슬들처럼 잠자리들은 리나와 박사의 위를 우아하게 날았다. 시르실리와 친구들이 두 사람의 주위로 청록색으로 반짝이는 원을 만들더니 사방으로 흩어졌다.

리나는 놀라워하는 박사를 계속 이끌었다. 리나가 조

용히 휘파람을 불었다. 그러자 순식간에 하늘이 어두워졌다. 랑외르헨이 데리고 온 거대한 박쥐 무리가 주변의 나무줄기 끝에서 일제히 날아올라 '쉿쉿' 소리를 내며 사람들의 머리 위를 뒤덮었기 때문이었다.

오버마이어 박사가 얼른 머리를 숙였다.

"이런 건 지금껏 본 적이 없어. 박쥐는 보통 저녁 늦게야 사냥을 하는데. 세상에, 이게 무슨 일이람!"

박사가 소리쳤다.

리나는 터져 나오는 웃음을 참느라 손으로 입을 막았다. 누군가가 귀를 잘 기울였다면 아마도 숲가의 수풀 속에서도 숨죽여 킥킥거리고 웃는 소리가 들리는 것을 알아차렸을 것이었다. 박쥐들을 설득해 이렇게 날게 만든 것은 힘든 작업이었다! 하지만 랑외르헨과 엘린은 그 일을 해냈다.

리나는 국장을 산울타리 끝의 바위들이 있는 곳까지 안내했다.

언뜻 보기엔 그저 이끼가 덮인 모래투성이 돌들만 눈에 띄었다. 하지만 리나가 쿵쿵 발소리를 내며 걷자, 갑자기 바위 표면 전체가 움직였다. 오늘 그 곳에는 숲과 초원의 도마뱀들이 모두 서로 바짝 붙어서 햇볕을 쬐고 있었다. 그리고 옆구리가 초록색과 크림색인 모래장지뱀이 노랗고 거무스름한 점이 있는 보모장지뱀 곁에 바짝 붙어 밀집해 있었다.

오버마이어 박사는 숨을 헐떡거리며 말했다.

"세상에, 리나! 이건 수백 마리나 되겠군. 이 도마뱀들은 모두 자연보호 대상이야!"

"네, 제 말이 그 말이에요."

리나가 말했다.

리나 옆에 선 키 작은 남자가 경계심이 강한 동물들을 향해 한 손을 뻗었다. 하지만 그건 그 동물들에겐 너무 무리였다. 단 일초도 못되어 도마뱀들은 초원의 수풀 속으로 사라졌다.

리나가 오버마이어 박사의 재킷을 잡아당겼다.

"이제 뭔가 아주 특별한 걸 더 보여드릴게요!"

당황한 박사는 소녀를 따라 숲가로 갔다. 눈부신 오후의 햇빛 아래에 서 있던 박사의 눈이 나무 아래의 그늘에 천천히 익숙해지자, 리나가 보여주고 싶어 했던 것이 눈에 들어왔다. 리나는 긴장해서 박사를 보았다. 오버마이어 박사의 눈이 점점 더 커졌다. 그들의 앞에는 이루 말할 수 없이 아름다운, 빨갛게 빛나는 들판이 펼쳐져 있었다. 지금까지 본 것 중에서 가장 아름다운 빛깔의 꽃이었다. 그것은 백합이었다. 섬세한 심홍색 반점이 있는 꽃잎이 바람결에 우아하게 고개를 끄덕였다.

진한 꽃향기가 바람을 따라 퍼졌다.

국장은 경외심에 그만 풀썩 꿇어앉았다.

"마르타곤 백합이야! 마르타곤 백합이 가득한 들판! 이 꽃을 자연에서 발견한 적은 한번도 없었어. 늘 책에서 사진으로만 봤지. 리나, 너희들이 이 곳에 어떤 보물을 가지고 있는지, 아니?"

오버마이어 박사가 촉촉하게 빛나는 눈으로 소녀를 보았다.

근처에 숨어 있던 엘린이 놀라서 머리를 흔들었다. '저 아저씨를 감정이 메말라 보인다고 생각했다니!' 그의 얼굴에 무지개와 같은 감성이 비치고 있었다. 엘린은 자연에 대한 그의 사랑을 느꼈다. 엘린은 말없이 그에게 사과했다. 그는 내면에 트롤이 가진 것보다 더 많은 트롤다움을 가지고 있었다!

리나는 오버마이어 박사의 손을 잡았다.

"그럼요, 알고 있어요. 이건 파괴돼서는 안 되는 보물이에요!"

리나 또한 빨간 꽃들의 바다에 마음을 빼앗겼다. 어제는 이곳에 초록색 풀만이 있었다.

트롤들 모두와 함께 엘린은 박사가 황홀해 하며 바라보고 있는 꽃들을 숲 깊은 곳에서 초원가로 옮겨 놓는데 성공했다. 특히 자고르는 새벽까지 정성을 들여 꽃들을 조심스럽게 땅에 옮겨 심었다.

오버마이어 박사가 천천히 몸을 일으켰다. 초원 앞에 서 있는 사람들에게로 한걸음한걸음 발걸음을 옮길 때마다 박사는 점점 더 화가 났다. 시장의 얼굴이 환해졌다. 아이가 국장의 기분을 상하게 한 것이 분명했다. '아주 좋아.' 하고 시장은 생각했다. 시장은 오버마이어 박사를 보며 큰소리로 말했다.

"어쩌죠, 해충들이나 있는 하찮은 초원을 보여드리다니. 국장님의 시간을 낭비하게 해드려서 죄송합니다!"

오버마이어 박사가 노발대발했다.

"하찮은 초원? 해충? 이런 한심한!"

국장이 시장을 나무랐다.

"당신이 일을 올바르게 했으면, 성가신 일을 훨씬 줄일 수 있었지 않소!"

국장이 리나의 아버지에게 몸을 돌렸다.

"아주 훌륭한 따님을 두셨군요! 오늘로 이 초원을 자

연보호구역으로 선포하도록 장관께 추천하겠습니다. 장관께서 그렇게 하실 것이라 확신합니다. 진심으로 축하드립니다!"

국장이 말하고는 다시 한번 리나를 보고 미소를 지었다. 그리고 그의 검정색 승용차를 타고 떠났다.

주민들은 환호성을 지르며 춤을 추었다. 리나의 아버지가 딸을 번쩍 안아 올리고 활짝 웃으며 딸의 얼굴을 보았다.

"리나, 언제나처럼 잘 해냈다. 사랑하는 우리 귀염둥이, 정말 고맙다!"

리나의 아버지가 웃으며 딸을 안아주었다. 리나도 아버지를 꼭 안으며 숲가를 바라보았다.

나무들과 수풀과 바위들이 기쁨의 춤을 추는 것 같아 보였다. 초원 건너편에서도 축하의 환호성을 지르고 있는

것이었다! 리나는 조용히 속삭였다.
"고마워, 엘린!"

가장 아름다운 여름

이른 아침, 리나의 엄마는 이상한 소리에 잠에서 깼다. 침대에서 일어나 욕실로 가는데 딸의 방에서 목소리가 들렸다. 아니, 리나가 설마 벌써 일어난 걸까? 지난 주 내내 아침마다 리나를 깨우느라 애를 먹었다. 그 정도로 아이는 요즘 계속 피곤해 했다. 리나의 엄마는 귀를 바짝 세우고 리나의 방으로 다가갔다.

"잘 가, 엘린. 내일 봐!"

딸이 말하는 소리가 들렸다.

리나의 엄마는 조심스럽게 문 손잡이를 돌렸다. 열린 창문으로 커튼이 바람에 살짝 날렸다. 리나는 침대에 누워 행복한 표정으로 천장을 바라보고 있었다. 리나가 엄마의 기척을 알아차리고 흠칫했다.

'휴, 이번에도 무사했네!' 하고 리나는 생각했다. 거의 들킬 뻔 한 엘린과 리나였다.

리나의 엄마가 딸에게 몸을 굽히고 뺨에 입을 맞췄다.
"엘린이 누구니?"
엄마가 호기심어린 얼굴로 물었다.
"아, 엘린은 여자아이예요."
리나의 얼굴이 빨개졌다.
"엄만 걔를 몰라요. 저랑 제일 친한 친구이고요, 걔랑 얘기도 해요!"

리나 엄마는 딸의 금발 머리를 쓰다듬었다. 아이들이 친구를 상상해 낸다는 것은 자주 듣는 이야기였다. 그건 나쁜 일이 아니라, 상상력과 감성이 풍부하다는 표시일 뿐이었다.

"좋은 아이니?"

리나의 엄마는 미소를 지으며 딸에게 물었다.

리나는 다시 마음을 놓았다.

"네, 아주 많이요. 엄마, 오늘 저녁 파티에 변장하고 가도 돼요?"

리나가 물었다.

"물론이지!"

초원은 완전히 구조되었다. 그래서 오늘 저녁에 초원 앞에서 큰 파티가 있을 예정이었다.

"그런데 무엇으로 변장하고 싶니?"

"숲의 트롤이요!"

소녀의 입에서 바로 대답이 나왔다.

"그건 어떻게 변장을 하는데?"

엄마가 물었다.

"아주 간단해요! 제 초록색 원피스를 입고, 깃털과 나뭇잎을 옷에다 붙이고, 모자에 이끼를 붙이면 끝. 그럼 숲의 트롤이 돼요!"

리나의 엄마가 깜짝 놀랐다. 정말 상상력이 넘치는 아이였다!

"멋지구나, 그렇게 하자. 하지만 지금은 조금 더 자렴, 안 그러면 저녁에 파티에 가서 피곤할거야!"

리나의 엄마가 하품을 하며 말했다.

리나는 행복하게 베개에 얼굴을 묻었다. 이번 여름은 리나가 지금까지 경험한 여름 중 가장 아름다운 여름이었다.

엘린은 초원에 서서 키가 큰 풀들을 부드럽게 쓰다듬었다. 아침이슬에 촉촉한 풀줄기 끝이 기분 좋은 소리를 내며 트롤 아이를 향해 몸을 기울였다.

"우리가 해냈어!"

엘린은 몇 번이나 노래를 불렀다. 엘린은 우아하게 숲을 향해 춤을 추었다. 엘린의 머리카락이 햇빛에 반짝였고 부드러운 풀과 하나로 녹아들었다. 인간의 눈에는 마치 바람이 초원 위를 산들산들 넘어가는 것처럼 보였을 것이었다.

초리히 할아버지의 말이 옳았다. 자연의 아름다움이 자신을 구했다. 리나와 엘린, 인간과 트롤이 함께 인간이 자연의 경이에 눈을 돌리도록 도왔다. 그리고 모든 동물과 숲의 존재들이 함께 도왔다.

트롤 엘린은 행복하게 빙빙 돌며 춤을 추었다. 트롤들의 회의는 엘린에게 내린 놀이금지를 해제했다. 오늘 밤에는 커다란 축제가 열릴 것이었다. 요정들이 춤을 출 것이고, 코볼트들은 재미있는 곡예를 보여줄 것이었다.

엘린은 숲 속 알로크 오빠 옆의 잠자리에 몸을 눕혔다. 첫 햇살이 살짝 솟아오른 두 개의 이끼 언덕 위로 살랑이며 비쳤다. 엘린이 마지막으로 한 생각은 리나와 똑같았다. 이번 여름은 엘린이 지금까지 경험한 여름 중 가장 아름다운 여름이었다.

엘린의 눈꺼풀이 무겁게 감겼다.

숲은 조용히 아침노래를 계속했다.

트롤들의 잠자리는 다른 숲 속의 빈터들과 전혀 구별이 되지 않았다. 이끼가 수북이 돋아난 곳과 나무옹이, 그리고 기이한 바위 모서리들은 아주 자연스럽게 주변과 하나로 녹아들어 있었다.

하지만 서두르지 않고 자세히 눈여겨 보는 사람은 숲의 비밀이 바로 눈앞에 펼쳐져 있다는 것을 알아차릴 것이다!